中华人民共和国
学前教育法

法 律 出 版 社
·北 京·

图书在版编目（CIP）数据

中华人民共和国学前教育法. -- 北京：法律出版社，2024. -- ISBN 978-7-5197-9574-0

Ⅰ. D922.16

中国国家版本馆 CIP 数据核字第 202406M403 号

中华人民共和国学前教育法
ZHONGHUA RENMIN GONGHEGUO XUEQIAN JIAOYUFA

出版发行	法律出版社	开本	850 毫米×1168 毫米　1/32
编辑统筹	法规出版分社	印张 1	字数 21 千
责任编辑	张红蕊	版本	2024 年 11 月第 1 版
装帧设计	臧晓飞	印次	2024 年 11 月第 1 次印刷
责任校对	陶玉霞	印刷	三河市兴达印务有限公司
责任印制	耿润瑜	经销	新华书店

地址：北京市丰台区莲花池西里 7 号（100073）
网址：www.lawpress.com.cn　　　　　销售电话：010-83938349
投稿邮箱：info@lawpress.com.cn　　　客服电话：010-83938350
举报盗版邮箱：jbwq@lawpress.com.cn　咨询电话：010-63939796
版权所有·侵权必究

书号：ISBN 978-7-5197-9574-0　　　　定价：5.00 元

凡购买本社图书，如有印装错误，我社负责退换。电话：010-83938349

目　　录

中华人民共和国主席令（第三十四号）……………（1）
中华人民共和国学前教育法………………………（3）

附：
　　关于《中华人民共和国学前教育法（草案）》的
　　　说明……………………………………………（24）

中华人民共和国主席令

第三十四号

《中华人民共和国学前教育法》已由中华人民共和国第十四届全国人民代表大会常务委员会第十二次会议于2024年11月8日通过，现予公布，自2025年6月1日起施行。

中华人民共和国主席　习近平

2024年11月8日

中华人民共和国学前教育法

(2024年11月8日第十四届全国人民代表大会常务委员会第十二次会议通过)

目　　录

第一章　总　　则

第二章　学前儿童

第三章　幼　儿　园

第四章　教职工

第五章　保育教育

第六章　投入保障

第七章　监督管理

第八章　法律责任

第九章　附　　则

第一章　总　　则

第一条　为了保障适龄儿童接受学前教育，规范学前教育实施，促进学前教育普及普惠安全优质发展，提高全民族素质，根据宪法，制定本法。

第二条 在中华人民共和国境内实施学前教育,适用本法。

本法所称学前教育,是指由幼儿园等学前教育机构对三周岁到入小学前的儿童(以下称学前儿童)实施的保育和教育。

第三条 国家实行学前教育制度。

学前教育是国民教育体系的组成部分,是重要的社会公益事业。

第四条 学前教育应当坚持中国共产党的领导,坚持社会主义办学方向,贯彻国家的教育方针。

学前教育应当落实立德树人根本任务,培育社会主义核心价值观,继承和弘扬中华优秀传统文化、革命文化、社会主义先进文化,培育中华民族共同体意识,为培养德智体美劳全面发展的社会主义建设者和接班人奠定基础。

第五条 国家建立健全学前教育保障机制。

发展学前教育坚持政府主导,以政府举办为主,大力发展普惠性学前教育,鼓励、引导和规范社会力量参与。

第六条 国家推进普及学前教育,构建覆盖城乡、布局合理、公益普惠、安全优质的学前教育公共服务体系。

各级人民政府应当依法履行职责,合理配置资源,缩小城乡之间、区域之间学前教育发展差距,为适龄儿童接受学前教育提供条件和支持。

国家采取措施,倾斜支持农村地区、革命老区、民族地区、边疆地区和欠发达地区发展学前教育事业;保障适龄的家庭经济困难儿童、孤儿、残疾儿童和农村留守儿童等接受普惠性学前教育。

第七条 全社会应当为适龄儿童接受学前教育、健康快乐成长创造良好环境。

第八条 国务院领导全国学前教育工作。

省级人民政府和设区的市级人民政府统筹本行政区域内学前教育工作，健全投入机制，明确分担责任，制定政策并组织实施。

县级人民政府对本行政区域内学前教育发展负主体责任，负责制定本地学前教育发展规划，统筹幼儿园建设、运行，加强公办幼儿园教师配备补充和工资待遇保障，对幼儿园进行监督管理。

乡镇人民政府、街道办事处应当支持本辖区内学前教育发展。

第九条 县级以上人民政府教育行政部门负责学前教育管理和业务指导工作，配备相应的管理和教研人员。县级以上人民政府卫生健康行政部门、疾病预防控制部门按照职责分工负责监督指导幼儿园卫生保健工作。

县级以上人民政府其他有关部门在各自职责范围内负责学前教育管理工作，履行规划制定、资源配置、经费投入、人员配备、待遇保障、幼儿园登记等方面的责任，依法加强对幼儿园举办、教职工配备、收费行为、经费使用、财务管理、安全保卫、食品安全等方面的监管。

第十条 国家鼓励和支持学前教育、儿童发展、特殊教育方面的科学研究，推广研究成果，宣传、普及科学的教育理念和方法。

第十一条 国家鼓励创作、出版、制作和传播有利于学前儿童健康成长的图书、玩具、音乐作品、音像制品等。

第十二条 对在学前教育工作中做出突出贡献的单位和个人，按照国家有关规定给予表彰、奖励。

第二章 学前儿童

第十三条 学前儿童享有生命安全和身心健康、得到尊重和保护照料、依法平等接受学前教育等权利。

学前教育应当坚持最有利于学前儿童的原则，给予学前儿童特殊、优先保护。

第十四条 实施学前教育应当从学前儿童身心发展特点和利益出发，尊重学前儿童人格尊严，倾听、了解学前儿童的意见，平等对待每一个学前儿童，鼓励、引导学前儿童参与家庭、社会和文化生活，促进学前儿童获得全面发展。

第十五条 地方各级人民政府应当采取措施，推动适龄儿童在其父母或者其他监护人的工作或者居住的地区方便就近接受学前教育。

学前儿童入幼儿园接受学前教育，除必要的身体健康检查外，幼儿园不得对其组织任何形式的考试或者测试。

学前儿童因特异体质、特定疾病等有特殊需求的，父母或者其他监护人应当及时告知幼儿园，幼儿园应当予以特殊照顾。

第十六条 父母或者其他监护人应当依法履行抚养与教育

儿童的义务，为适龄儿童接受学前教育提供必要条件。

父母或者其他监护人应当尊重学前儿童身心发展规律和年龄特点，创造良好家庭环境，促进学前儿童健康成长。

第十七条 普惠性幼儿园应当接收能够适应幼儿园生活的残疾儿童入园，并为其提供帮助和便利。

父母或者其他监护人与幼儿园就残疾儿童入园发生争议的，县级人民政府教育行政部门应当会同卫生健康行政部门等单位组织对残疾儿童的身体状况、接受教育和适应幼儿园生活能力等进行全面评估，并妥善解决。

第十八条 青少年宫、儿童活动中心、图书馆、博物馆、文化馆、美术馆、科技馆、纪念馆、体育场馆等公共文化服务机构和爱国主义教育基地应当提供适合学前儿童身心发展的公益性教育服务，并按照有关规定对学前儿童免费开放。

第十九条 任何单位和个人不得组织学前儿童参与违背学前儿童身心发展规律或者与年龄特点不符的商业性活动、竞赛类活动和其他活动。

第二十条 面向学前儿童的图书、玩具、音像制品、电子产品、网络教育产品和服务等，应当符合学前儿童身心发展规律和年龄特点。

家庭和幼儿园应当教育学前儿童正确合理使用网络和电子产品，控制其使用时间。

第二十一条 学前儿童的名誉、隐私和其他合法权益受法律保护，任何单位和个人不得侵犯。

幼儿园及其教职工等单位和个人收集、使用、提供、公开或者以其他方式处理学前儿童个人信息,应当取得其父母或者其他监护人的同意,遵守有关法律法规的规定。

涉及学前儿童的新闻报道应当客观、审慎和适度。

第三章 幼 儿 园

第二十二条 县级以上地方人民政府应当统筹当前和长远,根据人口变化和城镇化发展趋势,科学规划和配置学前教育资源,有效满足需求,避免浪费资源。

第二十三条 各级人民政府应当采取措施,扩大普惠性学前教育资源供给,提高学前教育质量。

公办幼儿园和普惠性民办幼儿园为普惠性幼儿园,应当按照有关规定提供普惠性学前教育服务。

第二十四条 各级人民政府应当利用财政性经费或者国有资产等举办或者支持举办公办幼儿园。

各级人民政府依法积极扶持和规范社会力量举办普惠性民办幼儿园。

普惠性民办幼儿园接受政府扶持,收费实行政府指导价管理。非营利性民办幼儿园可以向县级人民政府教育行政部门申请认定为普惠性民办幼儿园,认定标准由省级人民政府或者其授权的设区的市级人民政府制定。

第二十五条 县级以上地方人民政府应当以县级行政区划为单位制定幼儿园布局规划,将普惠性幼儿园建设纳入城乡公共管理和公共服务设施统一规划,并按照非营利性教育用地性质依法以划拨等方式供地,不得擅自改变用途。

县级以上地方人民政府应当按照国家有关规定，结合本地实际，在幼儿园布局规划中合理确定普惠性幼儿园覆盖率。

第二十六条　新建居住区等应当按照幼儿园布局规划等相关规划和标准配套建设幼儿园。配套幼儿园应当与首期建设的居住区同步规划、同步设计、同步建设、同步验收、同步交付使用。建设单位应当按照有关规定将配套幼儿园作为公共服务设施移交地方人民政府，用于举办普惠性幼儿园。

现有普惠性幼儿园不能满足本区域适龄儿童入园需求的，县级人民政府应当通过新建、扩建以及利用公共设施改建等方式统筹解决。

第二十七条　地方各级人民政府应当构建以公办幼儿园为主的农村学前教育公共服务体系，保障农村适龄儿童接受普惠性学前教育。

县级人民政府教育行政部门可以委托乡镇中心幼儿园对本乡镇其他幼儿园开展业务指导等工作。

第二十八条　县级以上地方人民政府应当根据本区域内残疾儿童的数量、分布状况和残疾类别，统筹实施多种形式的学前特殊教育，推进融合教育，推动特殊教育学校和有条件的儿童福利机构、残疾儿童康复机构增设学前部或者附设幼儿园。

第二十九条　设立幼儿园，应当具备下列基本条件：

（一）有组织机构和章程；

（二）有符合规定的幼儿园园长、教师、保育员、卫生保健人员、安全保卫人员和其他工作人员；

（三）符合规定的选址要求，设置在安全区域内；

（四）符合规定的规模和班额标准；

（五）有符合规定的园舍、卫生室或者保健室、安全设施设备及户外场地；

（六）有必备的办学资金和稳定的经费来源；

（七）卫生评价合格；

（八）法律法规规定的其他条件。

第三十条 设立幼儿园经县级人民政府教育行政部门依法审批、取得办学许可证后，依照有关法律、行政法规的规定进行相应法人登记。

第三十一条 幼儿园变更、终止的，应当按照有关规定提前向县级人民政府教育行政部门报告并向社会公告，依法办理相关手续，妥善安置在园儿童。

第三十二条 学前教育机构中的中国共产党基层组织，按照中国共产党章程开展党的活动，加强党的建设。

公办幼儿园的基层党组织统一领导幼儿园工作，支持园长依法行使职权。民办幼儿园的内部管理体制按照国家有关民办教育的规定确定。

第三十三条 幼儿园应当保障教职工依法参与民主管理和监督。

幼儿园应当设立家长委员会，家长委员会可以对幼儿园重大事项决策和关系学前儿童切身利益的事项提出意见和建议，对幼儿园保育教育工作和日常管理进行监督。

第三十四条 任何单位和个人不得利用财政性经费、国有资产、集体资产或者捐赠资产举办或者参与举办营利性民办幼儿园。

公办幼儿园不得转制为民办幼儿园。公办幼儿园不得举办或者参与举办营利性民办幼儿园和其他教育机构。

以中外合作方式设立幼儿园,应当符合外商投资和中外合作办学有关法律法规的规定。

第三十五条 社会资本不得通过兼并收购等方式控制公办幼儿园、非营利性民办幼儿园。

幼儿园不得直接或者间接作为企业资产在境内外上市。上市公司不得通过股票市场融资投资营利性民办幼儿园,不得通过发行股份或者支付现金等方式购买营利性民办幼儿园资产。

第四章 教 职 工

第三十六条 幼儿园教师应当爱护儿童,具备优良品德和专业能力,为人师表,忠诚于人民的教育事业。

全社会应当尊重幼儿园教师。

第三十七条 担任幼儿园教师应当取得幼儿园教师资格;已取得其他教师资格并经县级以上地方人民政府教育行政部门组织的学前教育专业培训合格的,可以在幼儿园任教。

第三十八条 幼儿园园长由其举办者或者决策机构依法任命或者聘任,并报县级人民政府教育行政部门备案。

幼儿园园长应当具有本法第三十七条规定的教师资格、大学专科以上学历、五年以上幼儿园教师或者幼儿园管理工作经历。

国家推行幼儿园园长职级制。幼儿园园长应当参加县级以上地方人民政府教育行政部门组织的园长岗位培训。

第三十九条　保育员应当具有国家规定的学历，并经过幼儿保育职业培训。

卫生保健人员包括医师、护士和保健员，医师、护士应当取得相应执业资格，保健员应当具有国家规定的学历，并经过卫生保健专业知识培训。

幼儿园其他工作人员的任职资格条件，按照有关规定执行。

第四十条　幼儿园教师职务（职称）分为初级、中级和高级。

幼儿园教师职务（职称）评审标准应当符合学前教育的专业特点和要求。

幼儿园卫生保健人员中的医师、护士纳入卫生专业技术人员职称系列，由人力资源社会保障、卫生健康行政部门组织评审。

第四十一条　国务院教育行政部门会同有关部门制定幼儿园教职工配备标准。地方各级人民政府及有关部门按照相关标准保障公办幼儿园及时补充教师，并应当优先满足农村地区、革命老区、民族地区、边疆地区和欠发达地区公办幼儿园的需要。幼儿园及其举办者应当按照相关标准配足配齐教师和其他工作人员。

第四十二条　幼儿园园长、教师、保育员、卫生保健人员、安全保卫人员和其他工作人员应当遵守法律法规和职业道德规范，尊重、爱护和平等对待学前儿童，不断提高专业素养。

第四十三条 幼儿园应当与教职工依法签订聘用合同或者劳动合同，并将合同信息报县级人民政府教育行政部门备案。

第四十四条 幼儿园聘任（聘用）园长、教师、保育员、卫生保健人员、安全保卫人员和其他工作人员时，应当向教育、公安等有关部门查询应聘者是否具有虐待、性侵害、性骚扰、拐卖、暴力伤害、吸毒、赌博等违法犯罪记录；发现其有前述行为记录，或者有酗酒、严重违反师德师风行为等其他可能危害儿童身心安全情形的，不得聘任（聘用）。

幼儿园发现在岗人员有前款规定可能危害儿童身心安全情形的，应当立即停止其工作，依法与其解除聘用合同或者劳动合同，并向县级人民政府教育行政部门进行报告；县级人民政府教育行政部门可以将其纳入从业禁止人员名单。

有本条第一款规定可能危害儿童身心安全情形的个人不得举办幼儿园；已经举办的，应当依法变更举办者。

第四十五条 幼儿园应当关注教职工的身体、心理状况。幼儿园园长、教师、保育员、卫生保健人员、安全保卫人员和其他工作人员，应当在入职前和入职后每年进行健康检查。

第四十六条 幼儿园及其举办者应当按照国家规定保障教师和其他工作人员的工资福利，依法缴纳社会保险费，改善工作和生活条件，实行同工同酬。

县级以上地方人民政府应当将公办幼儿园教师工资纳入财政保障范围，统筹工资收入政策和经费支出渠道，确保教师工资及时足额发放。民办幼儿园可以参考当地公办幼儿园同类教师工资收入水平合理确定教师薪酬标准，依法保障教师工资待遇。

第四十七条 幼儿园教师在职称评定、岗位聘任（聘用）等方面享有与中小学教师同等的待遇。

符合条件的幼儿园教师按照有关规定享受艰苦边远地区津贴、乡镇工作补贴等津贴、补贴。

承担特殊教育任务的幼儿园教师按照有关规定享受特殊教育津贴。

第四十八条 国务院教育行政部门应当制定高等学校学前教育专业设置标准、质量保证标准和课程教学标准体系，组织实施学前教育专业质量认证，建立培养质量保障机制。

省级人民政府应当根据普及学前教育的需要，制定学前教育师资培养规划，支持高等学校设立学前教育专业，合理确定培养规模，提高培养层次和培养质量。

制定公费师范生培养计划，应当根据学前教育发展需要专项安排学前教育专业培养计划。

第四十九条 县级以上人民政府教育、卫生健康等有关部门应当按照职责分工制定幼儿园园长、教师、保育员、卫生保健人员等工作人员培训规划，建立培训支持服务体系，开展多种形式的专业培训。

第五章 保育教育

第五十条 幼儿园应当坚持保育和教育相结合的原则，面向全体学前儿童，关注个体差异，注重良好习惯养成，创造适宜的生活和活动环境，有益于学前儿童身心健康发展。

第五十一条 幼儿园应当把保护学前儿童安全放在首位，

对学前儿童在园期间的人身安全负有保护责任。

幼儿园应当落实安全责任制相关规定，建立健全安全管理制度和安全责任制度，完善安全措施和应急反应机制，按照标准配备安全保卫人员，及时排查和消除火灾等各类安全隐患。幼儿园使用校车的，应当符合校车安全管理相关规定，保护学前儿童安全。

幼儿园应当按照国家有关规定投保校方责任保险。

第五十二条　幼儿园发现学前儿童受到侵害、疑似受到侵害或者面临其他危险情形的，应当立即采取保护措施，并向公安、教育等有关部门报告。

幼儿园发生突发事件等紧急情况，应当优先保护学前儿童人身安全，立即采取紧急救助和避险措施，并及时向有关部门报告。

发生前两款情形的，幼儿园应当及时通知学前儿童父母或者其他监护人。

第五十三条　幼儿园应当建立科学合理的一日生活制度，保证户外活动时间，做好儿童营养膳食、体格锻炼、全日健康观察、食品安全、卫生与消毒、传染病预防与控制、常见病预防等卫生保健管理工作，加强健康教育。

第五十四条　招收残疾儿童的幼儿园应当配备必要的康复设施、设备和专业康复人员，或者与其他具有康复设施、设备和专业康复人员的特殊教育机构、康复机构合作，根据残疾儿童实际情况开展保育教育。

第五十五条　国务院教育行政部门制定幼儿园教育指导纲

要和学前儿童学习与发展指南，地方各级人民政府教育行政部门依据职责组织实施，加强学前教育教学研究和业务指导。

幼儿园应当按照国家有关规定，科学实施符合学前儿童身心发展规律和年龄特点的保育和教育活动，不得组织学前儿童参与商业性活动。

第五十六条　幼儿园应当以学前儿童的生活为基础，以游戏为基本活动，发展素质教育，最大限度支持学前儿童通过亲近自然、实际操作、亲身体验等方式探索学习，促进学前儿童养成良好的品德、行为习惯、安全和劳动意识，健全人格、强健体魄，在健康、语言、社会、科学、艺术等各方面协调发展。

幼儿园应当以国家通用语言文字为基本保育教育语言文字，加强学前儿童普通话教育，提高学前儿童说普通话的能力。

第五十七条　幼儿园应当配备符合相关标准的玩教具和幼儿图书。

在幼儿园推行使用的课程教学类资源应当经依法审定，具体办法由国务院教育行政部门制定。

幼儿园应当充分利用家庭、社区的教育资源，拓展学前儿童生活和学习空间。

第五十八条　幼儿园应当主动与父母或者其他监护人交流学前儿童身心发展状况，指导家庭科学育儿。

父母或者其他监护人应当积极配合、支持幼儿园开展保育和教育活动。

第五十九条　幼儿园与小学应当互相衔接配合，共同帮助儿童做好入学准备和入学适应。

幼儿园不得采用小学化的教育方式，不得教授小学阶段的课程，防止保育和教育活动小学化。小学坚持按照课程标准零起点教学。

校外培训机构等其他任何机构不得对学前儿童开展半日制或者全日制培训，不得教授学前儿童小学阶段的课程。

第六章　投入保障

第六十条　学前教育实行政府投入为主、家庭合理负担保育教育成本、多渠道筹措经费的投入机制。

各级人民政府应当优化教育财政投入支出结构，加大学前教育财政投入，确保财政性学前教育经费在同级财政性教育经费中占合理比例，保障学前教育事业发展。

第六十一条　学前教育财政补助经费按照中央与地方财政事权和支出责任划分原则，分别列入中央和地方各级预算。中央财政通过转移支付对地方统筹给予支持。省级人民政府应当建立本行政区域内各级人民政府财政补助经费分担机制。

第六十二条　国务院和省级人民政府统筹安排学前教育资金，重点扶持农村地区、革命老区、民族地区、边疆地区和欠发达地区发展学前教育。

第六十三条　地方各级人民政府应当科学核定普惠性幼儿园办园成本，以提供普惠性学前教育服务为衡量标准，统筹制定财政补助和收费政策，合理确定分担比例。

省级人民政府制定并落实公办幼儿园生均财政拨款标准或者生均公用经费标准，以及普惠性民办幼儿园生均财政补助标准。其中，残疾学前儿童的相关标准应当考虑保育教育和康复需要适当提高。

有条件的地方逐步推进实施免费学前教育，降低家庭保育教育成本。

第六十四条 地方各级人民政府应当通过财政补助、购买服务、减免租金、培训教师、教研指导等多种方式，支持普惠性民办幼儿园发展。

第六十五条 国家建立学前教育资助制度，为家庭经济困难的适龄儿童等接受普惠性学前教育提供资助。

第六十六条 国家鼓励自然人、法人和非法人组织通过捐赠、志愿服务等方式支持学前教育事业。

第七章　监督管理

第六十七条 县级以上人民政府及其有关部门应当建立健全幼儿园安全风险防控体系，强化幼儿园周边治安管理和巡逻防控工作，加强对幼儿园安全保卫的监督指导，督促幼儿园加强安全防范建设，及时排查和消除安全隐患，依法保障学前儿童与幼儿园安全。

禁止在幼儿园内及周边区域建设或者设置有危险、有污染的建筑物和设施设备。

第六十八条 省级人民政府或者其授权的设区的市级人民政府根据办园成本、经济发展水平和群众承受能力等因素，合理确定公办幼儿园和非营利性民办幼儿园的收费标准，并建立定期调整机制。

县级以上地方人民政府及有关部门应当加强对幼儿园收费的监管，必要时可以对收费实行市场调节价的营利性民办幼儿园开展成本调查，引导合理收费，遏制过高收费。

第六十九条　幼儿园收取的费用应当主要用于保育和教育活动、保障教职工待遇、促进教职工发展和改善办园条件。学前儿童伙食费应当专款专用。

幼儿园应当执行收费公示制度，收费项目和标准、服务内容、退费规则等应当向家长公示，接受社会监督。

幼儿园不得违反有关规定收取费用，不得向学前儿童及其家长组织征订教学材料，推销或者变相推销商品、服务等。

第七十条　幼儿园应当依法建立健全财务、会计及资产管理制度，严格经费管理，合理使用经费，提高经费使用效益。

幼儿园应当按照有关规定实行财务公开，接受社会监督。县级以上人民政府教育等有关部门应当加强对公办幼儿园的审计。民办幼儿园每年应当依法进行审计，并向县级人民政府教育行政部门提交经审计的财务会计报告。

第七十一条　县级以上人民政府及其有关部门应当建立健全学前教育经费预算管理和审计监督制度。

任何单位和个人不得侵占、挪用学前教育经费，不得向幼儿园非法收取或者摊派费用。

第七十二条　县级人民政府教育行政部门应当建立健全各类幼儿园基本信息备案及公示制度，利用互联网等方式定期向社会公布并更新政府学前教育财政投入、幼儿园规划举办等方面信息,以及各类幼儿园的教师和其他工作人员的资质和配备、招生、经费收支、收费标准、保育教育质量等方面信息。

第七十三条 县级以上人民政府教育督导机构对学前教育工作执行法律法规情况、保育教育工作等进行督导。督导报告应当定期向社会公开。

第七十四条 国务院教育行政部门制定幼儿园保育教育质量评估指南。省级人民政府教育行政部门应当完善幼儿园质量评估标准,健全幼儿园质量评估监测体系,将各类幼儿园纳入质量评估范畴,并向社会公布评估结果。

第八章 法 律 责 任

第七十五条 地方各级人民政府及有关部门有下列情形之一的,由上级机关或者有关部门按照职责分工责令限期改正;情节严重的,对负有责任的领导人员和直接责任人员依法给予处分:

(一)未按照规定制定、调整幼儿园布局规划,或者未按照规定提供普惠性幼儿园建设用地;

(二)未按照规定规划居住区配套幼儿园,或者未将新建居住区配套幼儿园举办为普惠性幼儿园;

(三)利用财政性经费、国有资产、集体资产或者捐赠资产举办或者参与举办营利性民办幼儿园,或者改变、变相改变公办幼儿园性质;

(四)未按照规定制定并落实公办幼儿园生均财政拨款标

准或者生均公用经费标准、普惠性民办幼儿园生均财政补助标准；

（五）其他未依法履行学前教育管理和保障职责的情形。

第七十六条 地方各级人民政府及教育等有关部门的工作人员违反本法规定，滥用职权、玩忽职守、徇私舞弊的，依法给予处分。

第七十七条 居住区建设单位未按照规定建设、移交配套幼儿园，或者改变配套幼儿园土地用途的，由县级以上地方人民政府自然资源、住房和城乡建设、教育等有关部门按照职责分工责令限期改正，依法给予处罚。

第七十八条 擅自举办幼儿园或者招收学前儿童实施半日制、全日制培训的，由县级人民政府教育等有关部门依照《中华人民共和国教育法》、《中华人民共和国民办教育促进法》的规定予以处理；对非法举办幼儿园的单位和个人，根据情节轻重，五至十年内不受理其举办幼儿园或者其他教育机构的申请。

第七十九条 幼儿园有下列情形之一的，由县级以上地方人民政府教育等有关部门按照职责分工责令限期改正，并予以警告；有违法所得的，退还所收费用后没收违法所得；情节严重的，责令停止招生、吊销办学许可证：

（一）组织入园考试或者测试；

（二）因管理疏忽或者放任发生体罚或者变相体罚、歧视、侮辱、虐待、性侵害等危害学前儿童身心安全的行为；

（三）未依法加强安全防范建设、履行安全保障责任，或者未依法履行卫生保健责任；

（四）使用未经审定的课程教学类资源；

（五）采用小学化的教育方式或者教授小学阶段的课程；

（六）开展与学前儿童身心发展规律、年龄特点不符的活动，或者组织学前儿童参与商业性活动；

（七）未按照规定配备幼儿园教师或者其他工作人员；

（八）违反规定收取费用；

（九）克扣、挪用学前儿童伙食费。

依照前款规定被吊销办学许可证的幼儿园，应当妥善安置在园儿童。

第八十条 幼儿园教师或者其他工作人员有下列情形之一的，由所在幼儿园或者县级人民政府教育等有关部门根据情节轻重，依法给予当事人、幼儿园负责人处分，解除聘用合同或者劳动合同；由县级人民政府教育行政部门禁止其一定期限内直至终身从事学前教育工作或者举办幼儿园；情节严重的，吊销其资格证书：

（一）体罚或者变相体罚儿童；

（二）歧视、侮辱、虐待、性侵害儿童；

（三）违反职业道德规范或者危害儿童身心安全，造成不良后果。

第八十一条 在学前教育活动中违反本法规定的行为，本法未规定法律责任，《中华人民共和国教育法》、《中华人民共和国未成年人保护法》、《中华人民共和国劳动法》等法律、行政法规有规定的，依照其规定。

第八十二条　违反本法规定，侵害学前儿童、幼儿园、教职工合法权益，造成人身损害或者财产损失的，依法承担民事责任；构成违反治安管理行为的，依法给予治安管理处罚；构成犯罪的，依法追究刑事责任。

第九章　附　　则

第八十三条　小学、特殊教育学校、儿童福利机构、残疾儿童康复机构等附设的幼儿班等学前教育机构适用本法有关规定。

军队幼儿园的管理，依照本法和军队有关规定执行。

第八十四条　鼓励有条件的幼儿园开设托班，提供托育服务。

幼儿园提供托育服务的，依照有关法律法规和国家有关规定执行。

第八十五条　本法自 2025 年 6 月 1 日起施行。

附：

关于《中华人民共和国学前教育法(草案)》的说明

——2023年8月28日在第十四届全国人民代表大会常务委员会第五次会议上

教育部部长　怀进鹏

委员长、各位副委员长、秘书长、各位委员：

我受国务院委托，现对《中华人民共和国学前教育法（草案）》作说明。

一、立法必要性和起草过程

学前教育是国民教育体系的组成部分，是重要的社会公益事业，关系到亿万儿童健康成长。党中央、国务院高度重视学前教育改革发展。习近平总书记多次强调，要加强对基础教育的支持力度，办好学前教育，促进学前教育普惠发展，努力让每个孩子都能享有公平而有质量的教育。党的二十大提出，强化学前教育普惠发展。李强总理对牢固树立以人民为中心的发展思想、扎扎实实办好教育等民生实事作出部署。丁薛祥同志就推动学前教育发展提出明确要求。

2018年，中共中央、国务院印发《关于学前教育深化改革规范发展的若干意见》，对新时代学前教育改革发展作出部署，明确要求研究制定学前教育法。近年来，学前教育得到了快速发展，但总体上看仍是我国国民教育体系的薄弱环节，发展不平衡不充分的矛盾还比较突出，"入园难"和"入园贵"的问题仍然存在，与人民群众的期待还有一定差距。主要表现为：学前教育资源尤其是普惠性资源不足，保教质量参差不齐，教师队伍建设滞后，保障体系不完善，监管体制机制不健全。为了贯彻落实党中央、国务院决策部署，促进学前教育普及普惠安全优质发展，有必要抓紧制定学前教育法。

制定学前教育法列入了《全国人大常委会2023年度立法工作计划》。教育部经过深入调研，研究起草了《中华人民共和国学前教育法草案（送审稿）》（以下简称送审稿），在征求有关方面意见的基础上向社会公开征求了意见，经中央教育工作领导小组会议审议后，于2021年4月提请国务院审议。司法部先后两次书面征求中央有关单位、地方政府、有关团体以及部分幼儿园和专家学者等方面的意见，赴吉林、浙江开展实地调研，听取家长代表、幼儿园教职工、基层管理人员等的意见。在此基础上，司法部会同教育部对送审稿反复研究修改，形成了《中华人民共和国学前教育法（草案）》（以下简称《草案》）。《草案》已经国务院第7次常务会议讨论通过。

二、《草案》的总体思路

《草案》在总体思路上主要把握了以下几点：一是坚持党对学前教育的领导，贯彻落实党中央、国务院关于学前教育改革发展的决策部署，将其转化为法律规范；二是聚焦学前教育领域热点难点问题，着力解决突出问题，增强制度针对性；三是总结学前教育改革发展经验，将成熟做法上升为法律规范，同时为进一步深化改革和地方探索留有空间，与有关法律做好衔接。

三、《草案》的主要内容

《草案》共8章74条，包括总则、规划与举办、保育和教育、教师和其他工作人员、投入与保障、管理与监督、法律责任、附则，主要内容如下：

（一）明确学前教育定位，补齐教育短板。一是将学前教育界定为幼儿园等学前教育机构对三周岁到入小学前的儿童实施的保育和教育；强调学前教育是国民教育体系的组成部分，是重要的社会公益事业。二是强调学前教育坚持党的领导，坚持社会主义办学方向，贯彻党和国家的教育方针，为培养德智体美劳全面发展的社会主义建设者和接班人奠定基础。三是强调发展学前教育坚持政府主导，以政府举办为主，大力发展普惠性学前教育资源，引导和规范社会力量参与。

（二）健全规划举办机制，促进资源供给。一是强化政府办园责任。要求地方政府依法举办公办园，引导和规范社会力量举办民办园，积极扶持民办园提供普惠性学前教育服务；以县级行政区划为单位制定幼儿园布局规划，将普惠性幼儿园建设纳入城乡公共管理和公共服务设施统一规划。二是严格设立条件和程序。明确设立幼儿园应当具备的条件，要求取得教育行政部门办学许可并进行法人登记。三是遏制过度逐利。禁止利用财政性经费、国有资产等举办营利性民办园；禁止社会资本通过兼并收购、协议控制等方式控制公办园、非营利性民办园；幼儿园不得直接或者间接作为企业资产上市。

（三）规范学前教育实施，提高保教质量。一是加强入园保障。要求地方政府采取措施，促进适龄儿童方便就近接受学前教育；学前儿童入园，不得组织任何形式的考试或者测试。二是规范保教活动。要求幼儿园坚持保育和教育相结合的原则，根据学前儿童身心发展规律和年龄特点，科学实施保育和教育活动，不得教授小学阶段的课程内容；把保护学前儿童安全放在首位，落实安全责任制相关规定；建立科学合理的一日生活制度，做好卫生保健管理工作，促进学前儿童身体正常发育和身心健康。三是规范内部管理。明确公办园的基层党组织统一领导幼儿园工作，支持园长依法行使职权；民办园的内部管理体制按照国家有关民办教育的规定确定。

（四）加强教职工队伍建设，提升教师素质。一是严格资质要求。明确幼儿园教职工应当具备规定的条件，取得相应职业资格或者受过相关专业培训。二是加强人员配备与聘用管理。要求制定人员配备标准，政府及其有关部门保障公办园及时补充教师，幼儿园及其举办者应当配足配齐教师等工作人员。幼儿园聘任教师等工作人员应当报教育行政部门备案并进行背景查询和健康检查，存在可能危害儿童身心安全、不宜从事学前教育工作情形的，不得聘任。三是强化待遇保障。强调幼儿园及其举办者应当保障教师等工作人员的工资福利，改善工作和生活条件；幼儿园教师在职称评定、岗位聘任等方面享有与中小学教师同等的待遇。

（五）完善投入机制，加强经费保障。一是明确投入机制。强调政府投入为主、家庭合理负担保教成本、多渠道筹措经费。二是加强财政投入保障。强调政府加大财政投入，保障学前教育事业发展；学前教育财政补助经费列入中央和地方各级预算，地方政府科学核定普惠性幼儿园办园成本，统筹制定财政补助和收费政策；建立学前教育资助制度。三是促进教育公平。强调合理配置资源，缩小城乡之间、区域之间学前教育发展差距；保障家庭经济困难的适龄儿童、孤儿和残疾儿童接受普惠性学前教育。

（六）健全监管体制，强化监督管理。一是加强安全管理。要求政府及其有关部门加强监督指导，依法保障学前儿童与幼儿园安全。二是加强收费管理。要求合理确定公办园和非营利性民办园收费标准，加强收费监管，引导合理收费；幼儿园执行收费公示制度。三是加强质量评估。要求制定幼儿园保教质量评估指南，将各类幼儿园纳入质量评估范畴，向社会公布评估结果。

此外，《草案》对政府及其有关部门、幼儿园及其工作人员等违反本法的行为规定了相应法律责任。

《草案》和以上说明是否妥当，请审议。